FRITHJOF SCHUON

GLÜCK

FRITHJOF SCHUON

GLÜCK

HERDER FREIBURG · BASEL · WIEN

Einbandgestaltung: Hermann Bausch
Herstellung: Freiburger Graphische Betriebe 1997
ISBN 3-451-26453-6

Ad adstra – zu den Sternen – strebt die Seele,
Die eine ungestillte Sehnsucht drängt.
O Weg der Wahrheit, Schönheit, den ich wähle –
Des Gottgedenkens, das die Seele tränkt.

Du bist das Lied, das alles Sehnen stillt –
Das Gnadenlicht; schein in das Herz hinein!
Der Herr ist unsre Zuflucht, unser Schild –

Sei du mit Ihm, und Er wird mit dir sein.

Siehst du die Vögel nach dem Süden ziehn?
So ist Vergänglichkeit: dahin, dahin.
Sei still, verfalle nicht dem Trug der Zeit,
Die einen Traum an einen andern reiht.

Die Sehnsucht strebt nach fernem Anderwärts;
Im goldnen Hier verharrt das weise Herz.
Laß ab vom Traumbild unerreichter Ferne –

Du trägst in dir die Sonne und die Sterne.

Du möchtest wie ein Adler aufwärts fliegen
Zum Licht der Wahrheit, das die Seel befreit;
Wundre dich nicht: Da ist die Erdenmacht,
Die dir dein Aufwärtssteigen nicht verzeiht.

Sie sucht dir die Befreiung zu behindern
Mit allen Mitteln, großen und auch kleinen;
Kümmre dich nicht! Tu immer, was du kannst –
Gott wird die Seele mit dem Licht vereinen.

Zwei Dinge machen einen Menschen glücklich
Im Rahmen dessen, was das Leben leiht:
Einmal das Schöne, das er darf erleben;
Und dann sein Schaffen, dessen Sinn ihn freut.

Darüber leuchtet, als des Segens Stern,
Das Glück all dessen, was uns bringt zum Herrn.

Die menschliche Natur will glücklich sein –
Und ebenso: Sie muß zur Wahrheit streben,
Ansonsten sie nicht menschlich ist. Das Glück
Muß aus der höchsten Wahrheit sich ergeben.

Des Menschen Glück ist seine Seelenruhe.
Was sie bewirkt? Die Wahrheit von dem Herrn;
Und dann die Schönheit, die die Seel erlebt,
Wenn sie im Frieden ist unter dem Stern
Des Wahren und zugleich in Liebe bebt.
Wahrheit und Schönheit: Schlüssel zu dem Frieden
Des Herzens; nichts ist Besseres hienieden.

Etwas, was uns am meisten glücklich macht,
Ist andre glücklich machen. Und wer kann
Schon Glück genießen ohne es zu geben?
Der Seele Friede soll der Freund erleben.

Die Sonne strahlt, der Himmel gibt den Regen –
So sollst auch du dein reiches Herz bewegen.

Was macht dich restlos glücklich? «Ja» zu Gott;
Dies ist das erste in des Geistes Leben.
Doch du bist in der Welt, bist nicht allein;
Das zweite Herzensglück – es ist das Geben.

Das Geben dessen, was dein gläubig «Ja»
Dir gab; was deines Herzens Tiefe sah.

Wenn du an Gott glaubst, glaube auch an dich –
Das heißt: an deinen Glauben an den Herrn.
Mich hörend, glaubt Gott irgendwie an mich –
Dieser sein Glaube ist mein guter Stern.

Wirklichkeit, Wahrheit; Schönheit und Liebe:
Wenn mir nichts andres erhalten bliebe,
Wär ich doch glücklich, groß oder klein,
In Gottes Händen geborgen zu sein.

Ob ich hienieden, ob ich oben bin
Im bessern Jenseits, ist für Gott das Gleiche;
Einmal auf Erden, dann im Paradies –
Wer ehrlich betet, ist in seinem Reiche.

Der Welt Betrieb hat keine Übermacht –
Als Spiegel Gottes ist der Mensch gemacht.

Der Gläubige muß sich in allen Lagen
Im Herzen glücklich fühlen, sagt ein Spruch;
Weil Gott ja niemals aufhört, Gott zu sein –
Wer wollte vor dem Höchsten Gut verzagen?

Die Wahrheit gibt dem Geist den tiefen Frieden;
Die Schönheit wirkt das Wunder, daß wir lieben.
Vom Himmel kommt uns Gottes Segensblick –
Darin liegt alle Weisheit – alles Glück.

Beethovens Religion war die Musik,
Könnte man sagen; doch er hatt' den Glauben.
Er litt die schwere Seelennot der Tauben –
So wurde seine Kunst sein einzig Glück
Vor seinem Gott – und niemand konnt's ihm rauben.

Mondscheinsonate – eine Melodei
Die mehr ist als des Genius Spielerei.

Für manche ist der Grund des Geistesglücks
Im heiligen Begriff, im Urgedanken;
Für andre im Erlebnis, im Gefühl –
So laßt uns Gott für Licht und Liebe danken.
Verschieden sind die Wege, eins das Ziel.

Will man beglückt auf geradem Pfade gehen,
Muß man des Wahren, Guten Schönheit sehen –
Nie Platos Wort vergessen, daß das Wahre
Ausstrahlt das Schöne, Helle, Wunderbare.

Tu, was der Leib im Alltagsleben braucht,
Und tu, was Segen in der Welt bewirkt;
Geh des Gebetes Weg, der Heil verbürgt
Und Gottes Frieden in die Seele haucht.

Der Mensch strebt nach dem Glück, indess er weiß,
Daß in Vergänglichkeit die Dinge münden;
Und mancher glaubt, Glück sei im Erdenkreis;
Findet er's nicht in Gott, er wird's nicht finden.

W

Das Wahre und das Schöne sind bereit,
Den Menschen aus dem Jammertal zu ziehen –
Aus einer Welt voll Falsch und Häßlichkeit
Auf eine Höhe, wo die Gnaden blühen.

Wahrheit und Schönheit schenken Licht und Freude,
«Ich kam, und sah, und siegte» – sagen beide.

Ein Rätsel ist, daß in der Lebensfreude
Des Tapfern eine Art von Größe liegt:
Skamarinskaya – wenn der Lebensgott,
Oder der Kriegsgott, sich im Tanze wiegt.

Das, was dich anspricht, kommt vom Urbild her –
In jedem Wassertropfen träumt das Meer.

Irgendwo las ich, gläubig sei nur der,
Der sich im Unglück, nicht im Glücke freut –
Ein frommer Wahn. Denn: Alles kommt von Gott;
Nicht nur das Unrecht, das zum Himmel schreit.

Unmittelbar ist Gottes Wort im Guten;
Nur mittelbar im Zorne seiner Ruten.
Denn Gott in seinem Wesen ist die Liebe;
Fern sei's, daß man der Wahrheit Maß verschiebe.

Kummer der Seele ist des Bösen List –
Die erste Antwort sei Gleichgültigkeit
Für alles, was nicht Höchste Wahrheit ist.

Die zweite Antwort sei Ergebenheit;
Die Dritte sei ein freudevolles Ja –

Hoffnung und Dankbarkeit, da wo du bist.

Verzweiflung ist der Tiefenpunkt des Zweifels:
Ein Zweifler ist, wer keinen Gott besitzt.
Glück ist Gewißheit: Urkraft, die das Schiff
Der Seel vor Lücken und vor Stürmen schützt.

Gewißheit: Gott allein ist Sein und Heil –
Der Wahrheit Fels, auf den sich alles stützt.

Sei voller Vorsicht, wenn du dich beklagst –
Es könnt in Gottes Augen Undank sein.
Er hört dich, so erwäge, was du sagst –
Die Seele sei von Bitterkeiten rein.

Wenn dich ein Unrecht, eine Torheit kränkt –
Vergiß nicht, was dir alles Gott geschenkt.

Ein Engel sprach: Du sollst nicht traurig sein;
Gott ist das Unbedingte, Höchste Gut.
Und dann: Weil alles, was in dieser Welt
Dir Sorgen macht, in Seinen Händen ruht.

Es gibt nichts Schöneres als Gottvertrauen;
Es ist der Berg, der in den Himmel ragt.
Auf Gottes Güte kannst du immer bauen,
Wenn Zweifels Bitternis am Herzen nagt.

Wenn du auf Gott vertraust, mag es geschehen,
Daß eine Prüfung dir gemildert werde;
Oder, daß Gott dir eine Gnade schenkt,
Daß du mit Mut erträgst der Prüfung Wehen.

Du mußt ja ohnehin aufs Höchste schauen,
Das deinem Leben seine Sendung gibt.
Sei hoffnungsfreudig wie das Morgengrauen –
Auf daß du Jenen liebest, der dich liebt.

Der Allerhöchste hauchte in den Regen
Für unsre Erde Lebenskraft und Segen –
Mögen des Höchsten Gnaden für den Frommen
Wie Regenschauer in die Seele kommen!

Die äußern Wunderzeichen der Natur –
Sie sind ein Bild der innern Wunder nur.
Die Seel verdorrt in törichtem Gerede –
Gott sendet Leben in des Herzens Öde.

Der Regen, der die Erd vom Himmel grüßte,
Ließ blühen die Oase in der Wüste.

Das Gottesreich ist fern, doch nur dort draußen,
Nicht in der Seele, die ihm offensteht.
Das Ewige ist hier, es ist dein Kern –
Glückselig, wer den Weg nach innen geht.

Das Paradies – der Seele höchster Wert,
Denn es birgt alles, Was das Herz begehrt.
Ihr mögt mich fragen: Was ist Paradies?
Ein Freudenort? Unendlich mehr als dies.

Was ist denn der Beweis – hat man gefragt –,
Daß es ein Paradies gibt? Sieh die Pracht
Der Blumen, Blüten; wär kein Paradies,
So hätte Gott die Schönheit nicht gemacht!

Dies ist nicht bloße Meinung, es ist Sehen –
Die Dinge selbst sind unfehlbares Denken,
Ich bin in ihnen, und sie sind in mir;
Sie sind es, die mir ihre Wahrheit schenken.

Ihr mögt verstehen oder nicht verstehen –
Im Zeichen kann das Herz den Urgrund sehen.

Gewiß, du mußt an Erdendinge denken,
Und kannst nicht anders; jedoch weggefegt
Muß jeden Tag der Kram des Denkens werden,
Wenn Gottes Ruh sich in die Seele legt.

Manches ist schön, doch vieles macht dich müde;
Die Welt ist rastlos – Gott ist Friede, Friede.

Die Welt ist da – doch wie ein wechselnd Spiel;
Gottesbewußtsein ist das Unbedingte.
Es zeugt vom Einen, vom erhabnen Ziel –
Vom Heil, das stets in deinem Herzen winkte.

So steh vor Gott, und laß die Dinge kommen
An dich heran; denk nicht, du seist allein.
Ergebenheit und Glaube wird dir frommen
Auf deinem Weg –
Gott wird dein Hirte sein.

Leben heißt, manche Lasten auf sich nehmen
Für eine Zeit – ein Trost ist immer da:
Der Allerhöchste, unerschütterlich –
Auch wenn das Glück dir fern scheint, Gott ist nah.

Dies ist das Argument, das unbedingte,
Das stets in deiner Hand liegt. Sei zufrieden –
Gott ist. «Ich bin der, der Ich bin.» Es gibt
Nichts Wahreres, nichts Besseres hienieden.

Manchmal versteht man Menschen, doch nicht Gott.
Manchmal versteht man Gott, nicht Menschenseelen.
Man kann verstehn, daß Gott die Welt gemacht;
Nicht, daß die Menschen andre Menschen quälen.

Dir sei Genüge, daß das Gute ist.
Es gäb kein Gutes, wenn das Gut nicht wäre.
An dieses halte dich, sein Horn ist voll –
Gott ist die Fülle. Und der Rest ist Leere.

Die Welt: ein Strom aus Träumen, der sich schwer
Und wie verzaubert fort bewegt – zum Meer
Der ungewissen Zukunft. Ewigkeit
Harrt eines jeden, jenseits aller Zeit.

Die Ewigkeit: ein Alles, oder Nichts.
Welten des Höhenflugs, des Schwergewichts;
Doch hinter allem Schicksal Gottes Wesen –
An seiner Güte wird die Welt genesen.

Sahst du den Felsen, der im Meere steht?
Sahst du wohl, wie die Wellen ihn umtosen?
Oder bei mildem Wetter, wie sie ihn,
Den harten Steinblock, liebevoll umkosen;

Den Stein – den Geist, der in der Wahrheit steht.
Stark ist das Herz, wenn es auch Süße hegt;
Von Lebens Frühlingswind und Sturm umweht –

Das Herz, das Gottes Lieb und Botschaft trägt.

Der Mensch ist Sehnsucht nach dem Paradies
Und seinem Lichte –
Die meisten Menschen sind sich selbst nicht treu,
Machen's zunichte.

Grobstoff und Eigensucht hat euch verführt,
Getrennt vom Wesen
Der Urnatur; so werdet, was in Gott
Ihr seid gewesen.

Wenn wir – geb Gott – aufrichtigen Gemüts
Das Wahre wählen:
Es ist ein segensreicher Strahl dabei
Für alle Seelen.

Die Gnade wartet, will Behälter haben –
Sie hängt am Himmel wie ein Frühlingsregen;
Schaut auf die Erde, ob sie dankbar sei –
In reine Herzen will die Gnad sich legen.

Und sie wirkt Wunder, wenn der Herr es will –
Du kannst des Höchsten Pläne nicht durchschauen.
Er offenbart sein Mitleid, seine Macht –
Will euren Seelen goldne Brücken bauen.

Not tut der Seel das Licht von Oben her
Und dann die Fähigkeit, es zu empfangen;
Denn das von Gott geschenkte Geisteslicht
Will in ein unbeflecktes Herz gelangen.

Vom Himmel her kommt Gottes Strahlenschein –
So laßt die Brust die Lotosblume sein.

Ist es nicht seltsam, daß ganz kleine Dinge
Uns freuen können, auch in späten Jahren,
Wenn wir doch weise sind, voll von Erfahrung –
Erhabener, als wir es jemals waren.

Es ist, weil wir das Kind nie überwinden;
Und das mit Recht, da es vom Himmel zeugt.
Das Große schimmert auch hindurch im Kleinen,
Da Gott uns dauernd seine Güte zeigt.

Viel bringt das Leben, und der Weg ist weit –
Gott schätzt in uns die schlichte Dankbarkeit.

Hier ist der Löwe, dort die kleine Katze;
Hier ist der Adler, dort das Vögelein;
Löwe und Adler schuf der Herr im Ernst –
Die Tierlein mögen wie sein Lächeln sein.

Es muß doch alles geben in der Welt:
Nicht nur das Strenge und erhaben Schöne;
Auch das, was von der Kindheit Unschuld zeugt –
Auf daß der Herr uns mit der Furcht versöhne.

Da war ein Heiligtum mit Schriftgelehrten,
Welche den Eingang einem Mann verwehrten,
Der nichts von ihrer Wissenschaft verstand;
So blieb er an des heilgen Ortes Rand.

Auch das war der gelehrten Schar zuviel;
So ging er weg und irrte ohne Ziel
Und hielt ein winzig Steinchen in der Hand,
Das in der Näh des Heiligtums er fand –

Und wanderte bis an des Meeres Strand.
Und dort entschlief er. Und der kleine Stein
Bracht ihn zum Himmel, sich an Gott zu freun.

Der Pilger wandert treu nach seinem Ziel –
Er freut sich schon am fernen Heiligtum.
Des Weges Mühen kümmern ihn nicht viel –
Er wandert weiter, schauet sich nicht um;
Er steigt geduldig über manchen Hügel –
Die Freud am Heiligen verleiht ihm Flügel.

Sei du der Pilgrim, der durchs Leben geht
Und dennoch reglos vor dem Höchsten steht.
Bewegung ist des Erdenlebens Pfad;
Doch unbewegt ist Gott mit seiner Gnad.

Der Fromme, heißt es, hat stets guten Mut –
Da ist die Wahrheit, die da strahlt von Oben;
Andrerseits weiß er sich in Gottes Hut
In dieser Welt, aus Lust und Pein gewoben.

Zwiefältig ist der Trost, den Gott gegeben,
Im Zeitlichen und für das Ewge Leben.

Der Friede und die Freude sind die Pole
Des Glücks, das uns die Gotteswahrheit gibt;
Sie sind die beiden Paradiesesgärten
Der Menschenseele, die das Wahre liebt.

Der Friede kommt, wenn die bedrängte Seele
Erhaben über Sorgen schwebt;
Die Freude: wenn sie, voll von Gottes Tröstung,
Weg von der Welt nach innen strebt.

Gewißheit Gottes, und Erhabenheit
Über der Welt Geräusch, ist Seligkeit.

Unglücklich könnte jene Seele sein
Die weise wird, nicht mehr an Dingen klebt –
Doch sie ist glücklich, da sie licht und frei
Über der Dinge Erdenschwere schwebt.

Dazwischen mag ein dunkles Etwas liegen –
Kein Vogel kann am ersten Tage fliegen.

Nimm deine Zuflucht zum Herrn;
sag nicht: wenn ich alles verstehe;
Ob du verstehst oder nicht:
Deine ständige Zuflucht ist Gott.
Denn Er erkennt deine Sache
weit besser als du sie erkennest;
Ihm ist die Weisheit
und Ihm allein ist die Macht.
Lege, was dich bedrückt
in seine allgütigen Hände;
Befiehl dem Herrn deine Wege;
Er nimmt sich gewiß deiner an.

Dem Reich der Gnosis gleicht der Sternenhimmel –
Dem Reich der Gotteslieb der Blumen Lied.
Vom Ewgen zeugt die starre Sternenpracht –
Von süßen Gnaden, was da leuchtend blüht.

Erkenntnisweg – ihm gleicht die stille Nacht,
Weil sie Mysterium ist, Geheimnistiefe;
Der Liebe Weg ist strahlend wie der Tag,
Da er der Seele Liederwelt entfacht.

Gnosis und Liebe – Schweigen und Musik;
Doch beides schenkt das Eine Gottesglück.

Laß dich nicht durch die Schattenbilder stören,
Die dir die Seele bringt, dich zu betören –
Nebelgebilde können niemals dauern;
Laß sie zerstieben an des Geistes Mauern.
Mag der Versucher auch mit Listen drohen;
Es wacht das Licht – schon ist der Spuk entflohen.

Es ist in uns ein leiser Widerspruch,
Der daher rührt, daß diese Welt vergänglich;
Und selbst das Beste, das das Schicksal schenkt,
Ist in verschiedner Hinsicht unzugänglich –
Verglichen mit dem Unbedingten Gute.
«Dem Gläubigen ist immer wohl zumute» –

Denn Gott schaut jetzt in deine Seel hinein.
Der Gläubige will jetzt, nicht nachher sein.

Errare est humanum. Du sollst nicht
An Reue kranken, weil man dich verführte;
Gar mancher blühte in der Wahrheit auf,
Nachdem er sich vorübergehend irrte,

Und war dann besser als zuvor.
Wer lernte
Von einer Prüfung, der hat reiche Ernte.

Gott schickt uns Tröste, die uns klein erscheinen –
Zu Unrecht, denn sogar im kleinsten Troste
Liegt Gottes Güte und ein tiefer Sinn,
Die überwiegen, was das Herz erboste –
Und löschen, was das wunde Herz betrübte;
Belebend, was die Seel im Stillen liebte.

Das fernste Gut mag schimmern auch im nächsten –
Im Kleinsten ist ein Hinweis auf den Höchsten.

Der Schöpfer hat die weite Erdenwelt
In ein Gewand der Rätsel eingekleidet;
Die Schönheit will des Daseins Trug durchbrechen,
So wie ein Meteor die Nacht durchschneidet.

Die Wahrheit, die ein Strahl der Gottheit ist,
Hat unsrer Seele Dunkelheit gespaltet;
Wohl dem, in dessen Herz des Höchsten Licht
So wie ein Strahl der Morgensonne waltet.

Die Welt, ein tausendfaches Maskenspiel –
Wer kann es fassen?
Der Weise wird das, was nicht faßbar ist,
Gott überlassen.

Sieh zu, daß dir kein Rätsel dieser Welt
die Ruhe raube –
Gott weiß, aus was die Welt gewoben ist –
Dein sei der Glaube.

Traumschleier Welt: Wer hat dich so gewoben
Wie du, in deiner zauberhaften Pracht
Das Nichts durchbrichst? Wer hat den Traum erdacht –
Bald siegreich, bald gebrochen und zerstoben?

Traumschleier Raum und Zeit: bald Lust, bald Leid;
Der Schleier tanzt, bewegt und wendet sich,
Deckt und enthüllt der Mâyâ nacktes Ich –

O goldne Strahlung der Unendlichkeit!

Ich lobe mir den Adler und den Schwan,
Den Blitz vom Himmel und des Teiches Frieden;
Bei Nacht die Eule, morgens früh der Hahn –
Der Schöpfer gab uns reiche Lehr hienieden.
Der Pfau und der Fasan – blaugrüne Pracht
Und Gold hat Gottes Märchenkunst gemacht;
Singende Vögelein – sieh welche Welt
Der Herr entfaltet unterm Himmelszelt;
Ich nenn die Lerche und die Nachtigall –
Du hörst in Feld und Wald den süßen Schall.

Der Himmel sah, daß mir nicht wohl gewesen –
Im Buche der Natur ließ er mich lesen.

So ist die Welt – ein Sorgen und ein Grämen;
Es nützt dir keins.
Du hast die Wahl; sei weise, wähle dir
Das Glück des Seins.

Das Ruhn in dem, was du im Grunde bist
Jenseits der Erde;
Auf daß aus eitlen Denkens Hin und Her
Beschauung werde.

Der Morgen schauert und die Sonne steigt
Im Rosenlicht;
So zeigt der Herr, verschleiert und von fern,
Sein Angesicht;
Und du erinnerst dich in deinem Herz
An Gottes Licht;
Und was des Nächsten Schicksal, Freud und Leid –
Vergiß es nicht.

Laßt uns auf Jakobs lichter Leiter sein,
Die von der Erdennacht zum Himmel führt;
Hoch in der Gotteswahrheit Sonnenschein,
Fern von der Torheit, wo das Herz erfriert.

O beata Solitudo,
Hat ein Heiliger gesagt.
O beata Certitudo,
Sag ich, wenn der Zweifler klagt.

Wahrheit und Gewißheit – beide
Halten innig sich umschlungen;
Sicher fühlt sich deine Seele,
Wenn die Wahrheit sie durchdrungen.

Nur die Wahrheit gibt den Frieden –
Glücklich will ein jeder werden;
Nur der Friede zeugt vom Wahren –
So im Himmel, so auf Erden.

Wahrheit, denkt ihr, ist gar ferne,
Wie die Sterne in der Nacht;
Nicht so. Aus der Wahrheit Stoffe
Hat dich Gott zur Welt gebracht.

Eines der ersten Worte, die ich lernte,
War dieses: daß der Herr mein Hirte ist;
Daß mir nichts mangeln wird. – Denn reiche Ernte
Ist dem, der Ich und Welt in Gott vergißt
Und aller Selbstsucht Blendwerk überwindet –

Und sich im Allerhöchsten wieder findet.

«Großer Gott, wir loben Dich» –
Was heißt es, Gott zu loben?
Alles, was du an Gutem kennst
Im Dasein, kommt von Oben.

Der Herr, auf dessen Huld du baust,
Wird dich in Gnade betten;
Und wenn du treulich auf Ihn schaust,
Wird dich dein Glaube retten.

Als Alexander, Herr der Griechenwelt,
Den Diogenes nach dessen Wünschen fragte,
Da sagte dieser: «Geh mir aus der Sonne» –
Er war nicht einer, der sich leicht beklagte.

Selbstheit in Gottheit ist der Weisen Wonne.

Als ich ein Kind war, wollte man aus mir
Etwas ganz Feines machen: Advokat,
Arzt oder Chemiker – ein Herr, vor dem
Die ganze Stadt die höchste Achtung hat.

Doch ich, in eines armen Schusters Bude,
Beneidete den Mann, der alle Stunden
Des Tages denken konnte, was er wollte,
Ohne gelehrten Kram, ganz ungebunden –

Er konnte träumen, daß er Yogî sei,
Von allem Blendwerk der Gesellschaft frei.

Der Mensch – halb Tier, halb Engel; etwas Erde,
Und etwas Gottheit. Hin und her geschoben,
Doch eins im Herrn, im Schweigen des Gebetes.
Die Seel hört Gott – die Gnade kommt von Oben.

So führe uns den geraden Pfad, die wir
Zweideutig sind. Zweideutigkeit muß sein,
Doch auch Befreiung. Denn Gott wollte uns –
Ein Erdenwesen, das Er konnt befrein.

Unnützes Schwanken hat dein Herz betroffen;
Flieh hin zu Gott – die Tür ist immer offen.

Zum Vorwärtsgehen ist der Fuß gemacht,
Und so der Mensch; wer pflügt, schau nicht zurück,
Sonst ist die Saat nichts wert. Was vor uns liegt
Ist Gott; des Weges letztes Wort ist Glück.

Doch es genügt nicht, daß wir vorwärtsschauen
Beim Gehn – die Wegzehrung ist Gottvertrauen.

Gräme dich nicht, wenn du Gedanken hast,
Die du nicht haben willst; sie sind gewoben
In unsrer Seele Stoff und noch viel eher
Vom Feinde eingeflüstert, uns zur Last
Und Pein. Sprich: Gott! und alles ist zerstoben.

Seltsam, wie Kleines Freude machen kann –
Warum? Weil es uns Ruh gibt nach dem Denken;
Und dann: weil es für uns ergreifend ist,
Daß uns der Himmel auch will Kleinstes schenken.

Im Bilderbuch des Denkens solltest du
Nicht nutzlos blättern; mach es lieber zu.
Es wird in dieser Welt genug gedacht –
Sieh, wie dir Gott die Stille schön gemacht.

Nicht Eiseskälte kennt das Paradies –
Dort weht ein warmer, milder Frühlingswind;
Noch Wüstenhitze hat der Herr erlaubt
Im Land, wo die erlösten Seelen sind.

Der Güte Luft hat Gott der Seel beschieden;
Im Gottgedenken weht sie schon hienieden.

Ewiges Jetzt des Gottgedenkens: Seht,
Wie für das Menschenkind die Zeit vergeht.

Im Geistesleben gibt es keine Zeit:
Nur Jetzt im Göttlichen, nur Ewigkeit.

Der Außenmensch erlebt des Daseins Fülle;
Der Innenmensch verharrt in Gottes Stille.

Der Weg: Was ist das letzte Wort vom Liede?
Der Sang des Paradieses: Friede, Friede.

Der Seele Ruh in Gott ist unbedingt –
Sie hängt nicht von des Lebens Launen ab.
Wo Erste Wahrheit im Bewußtsein klingt,
Kommt Gottes Segen auf das Herz herab.

Des Daseins Gäste gehen aus und ein –
Sich selber treu verharrt das reine Sein;

Das Wesen Gottes, das vom Frieden singt.

Die Kindlichkeit –
Ich habe oftmals an dies Glück gedacht.
Vergänglichkeit –
Hat leise Trauer in den Traum gebracht.

Kind sein – man möcht es gerne; auch für Gott
Kannst du es sein –
Und dich beglückt, im Leben und im Tod,
Dem Ewgen weihn.

Für manche klingt es wie ein Spott, wenn man behauptet,
Des Menschen Urmateria sei die Seligkeit;
Es gäb doch allzuviele Leiden in der Welt –

Doch all dies liegt im Traumgebiet der Zeit.
Die Seligkeit ist innen, nur die Hülle
Des Menschen leidet, bis der Trug zerschellt
Am Felsen höchster Macht – der Ewigkeit.

Du lebst in dieser Welt, nicht in den andern;
Du denkst, dort möchtest du glückselig sein.
Sei ruhig, Erdenseele: Hier wie dort
Ist Gott das Höchste Gut – und Er allein.

Das Leben ist nicht wie ein Bilderbuch,
In dem man blättern kann, hin und zurück.
Vergangenes ist nicht in deiner Hand;
In dem, was ist und sein wird, liegt das Glück.

Zukünftig ist Das, was kein Denken mißt.
Der Sinn des Worts – daß Gott unendlich ist.

Nicht träumen, Seele – wach sein im Erhabnen,
Der über alles wacht. Träumen ist Trug
Und führt zu nichts. Wachheit ist Wirklichkeit –
In ihr ist Schönheit und ist Glück genug.

Wach ist dein Herz in Gott. So sei zufrieden
Im Herrn; mehr Himmel hast du nicht hienieden.

Beim Höchsten will ich sein; es dunkelt schier
In meiner Seele; und ich sehne mich
So wie der durstge Hirsch in Davids Psalm.
Sei still, mein Herz: Gott will auch sein bei mir.

Der Mensch und Gott: die Gegenseitigkeit
Zwischen dem Zeitrad und der Ewigkeit.

Der Herr, mein Hirte; und mir wird nichts mangeln.
Wär ich auch in des Todes tiefer Nacht –
Er ist mit mir. Um seines Namens willen
Hat er zum Tag, zur Quelle mich gebracht.

Um seines Namens willen, den ich rief –
Dieweil ich wachte und dieweil ich schlief.

Seltsam ist das Erlebnis, Ich zu sein:
Im grenzenlosen Weltraum nur ein Funken.
Doch dieses Nichts hat Gottes Geist getrunken –
Es ist ein Tropfen von der Gottheit Wein.

Vergänglich ist der Feuerfunken – nein,
Er ist mit Gottes Gnadenstrahl vermischt.
Er ist ein Nichts, doch er kann Alles sein –
Denn er ist ewig, wenn er auch erlischt.

Sagst du «Gewißheit», denkst du an die Tiefe
In deiner Brust; sagst du «Erhabenheit»,
Denkst du an Himmelsweite in der Stirne –
An Schweigen, Schweben im Gebiet der Firne.

Das Unbedingte; die Unendlichkeit.

Erhabenheit ist Göttliche Natur;
Und Freude, die die Welt mit Blüten ziert;
Dann Liebe, die des Daseins Früchte bringt;
Und Sehnsucht, die die Welt zum Herbste führt.

Nach Gottes Bild ist unsre Seel gebaut;
O höre, Herz, was aus der Tiefe klingt.
Denn in dir wohnt Er, dem das Lob gebührt –

Sei du der Harfner, der das Sein besingt.

Freude am Vielen, Freude durch das Eine –
Da ist die Blumenwiese, dort der Sterne
Schimmerndes Meer; und dann die eine Sonne –
Und dann der Geist in deines Wesens Kerne.

Die Schöpfung – niemand kann ihr Ende finden;
Preis sei dem Selbst, das niemand kann ergründen.

Sag mir, o Selbst, wo deine Schleier sind,
Die in der Welt dein Antlitz tief verhüllen
Und dennoch es enthüllen – Strahlen, die
Mit deiner Gegenwart das Weltall füllen

Und kostbar machen. Harfe der Natur,
Beglücke uns, du Urgesang der Erde,
Auf daß die Seele, aller Selbstsucht frei,
In Gottes Harmonie zur Harfe werde.

Wir sind am End des Zwanzigsten Jahrhunderts –
Apokalyptisch ist wohl diese Zeit.
Ich will nicht denken an das Undenkbare –
Mein Herz wohnt tief in der Unendlichkeit.

Schau auf die Zukunft, nicht auf falsche Hoffnung;
Von selbst kommt Irdisches an dich heran.
Die Zukunft sei dir geistige Erfüllung
Und nicht der Erdenwünsche eitler Wahn.
So wisse, daß die wahre Zukunft ist,
Was du in deinem tiefsten Wesen bist.

Am Ende aller Zeiten, aller Welten,
Kehrst du, o Mensch, ins Göttliche zurück;
Da warst du schon und hast auf dich gewartet;
Alles Geliebte ist in diesem Glück.

Nichts kann in den Bereich des Höchsten dringen –
Unwandelbar ist Unbedingte Fülle.
Du kannst dem Herrn nicht deine Armut bringen –
Der Erdenlärm verklingt in seiner Stille.

Beim Gottgedenken trägst du Gott in dir;
Der Höchste spricht: Du warst, du bist, in Mir.

Liebe und Wissen

Es gibt Wahrheiten, die dem menschlichen Geist angeboren sind, die jedoch in der Tiefe des «Herzens» – im reinen Intellekt – gewissermaßen vergraben und nur dem geistig Schauenden zugänglich sind; und dies sind die metaphysischen Grundwahrheiten, die sich begegnenden Weisheiten aller Kulturen. Wie auf vier Fächern entfaltet *Frithjof Schuon* in vier kleinen Büchern die zum Menschsein gehörigen, überzeitlichen Wahrheiten von Gott, Freiheit und Unsterblichkeit in der Kontinuität der philosophischen Überlieferung als Impulse für den aufgeschlossenen Menschen unserer Zeit.

Frithjof Schuon, 1907 als Sohn deutscher Eltern in Basel geboren, gilt als der bedeutendste lebende Philosoph der «Philosophia perennis», der anfangslosen, in allen Weisheitsformen der Kulturen, Zeiten und Religionen sich gleichbleibenden Metaphysik.

Nach dem Tode seines frühverstorbenen Vaters mußte der dreizehnjährige Schuon mit seiner Mutter in das damals soeben französisch gewordene Elsaß übersiedeln, wo ihre Familie beheimatet war. Als Sechzehnjähriger ging Schuon nach Paris, vertiefte sich in das Studium des Arabischen und arbeitete zum Broterwerb als Stoffzeichner. Reisen führten ihn nach Nordafrika und Asien. Er begegnete den Sufi-Meistern und den Lehrern des Vedanta, lernte von ihnen und begann zu forschen. Sein Interesse war aber nicht einseitig auf die Religionen und Philosophien des Ostens ausgerichtet, sondern baute auf seinen Studien der klassischen Philosophie des Abendlandes und seinen Begegnungen mit den Trägern des geistigen Erbes des westlichen und östlichen Christentums auf. Als Mitarbeiter der angesehenen Zeitschrift «*Etudes Traditionelles*» in Paris konnte Schuon seine Erkenntnisse bereits früh vermitteln. Aus diesen Arbeiten entstanden später seine philosophischen Werke.

Seine Forschungen über den indianischen Kosmos führten ihn schließlich nach Nordamerika, wo er unter den Sioux und Krähenindianern enge Freunde fand und in den Stamm der Sioux (Lakota) aufgenommen wurde. Seit 1981 lebt er in Indiana/USA.

Frithjof Schuon hat seit Beginn seiner Studien seine Aufmerksamkeit nicht nur den metaphysischen Prinzipien zugewandt, sondern auch deren menschliche Ausstrahlung miteinbezogen.

Bereits Platon formulierte, daß es im Wesen des Guten liege, sich mitzuteilen. Schuon gelingt dies auf zweifachem Wege: mit seinen essayistischen Werken und mit seiner Dichtung. Schuons lehrmäßige Prosa spricht a priori den Intellekt an, seine Poesie will das Herz erreichen. Wie eingangs erwähnt, sind hier – in der Tiefe des Herzens und im reinen Intellekt – die Wahrheiten verborgen, die Frithjof Schuon zugänglich machen möchte. Herz und Intellekt, Liebe und Wissen, sind die Schlüssel zur Wirklichkeit und Wahrheit, zur Erkenntnis des Unbedingten. Wer das Unbedingte erkennt – oder «wer an Gott glaubt» -, der kann nicht, so Schuon, bei dieser gedachten Erkenntnis oder bei diesem gedachten Glauben stehenbleiben, der muß weitergehen und sein ganzes Sein in diese Erkenntnis oder in diesen Glauben einbeziehen; nicht insofern, als Erkenntnis und Glaube gedacht sind, sondern insofern, als sie ihrem eigentlichen Wesen nach und durch ihren

Inhalt mehr fordern und mehr geben als bloßes Denken. Der Mensch muß «werden, was er ist». Diese offensichtliche Notwendigkeit umfaßt die schlichteste Religion und die tiefgründigste Metaphysik, jede auf ihre Weise. Denn es gibt etwas, was der Mensch wissen oder denken muß; und etwas, was er lieben oder sein muß.

Er muß wissen, daß Gott das notwendige, sich selbst genügende Sein ist, dasjenige, das nicht nichtsein kann, und daß die Welt nur das Mögliche ist, dasjenige, das sein oder nichtsein kann.

Ferner muß der Mensch dasjenige wollen, was ihn unmittelbar oder mittelbar zu Gott führt, und dabei dasjenige unterlassen, was ihn von Gott entfernt.

Und schließlich muß der Mensch lieben, was Gott entspricht; er muß das Gute lieben, und da das Gute seine eigene Ichheit zwangsläufig übersteigt, muß er diese seine enge und schwache Ichheit zu übersteigen trachten. Man muß das Gute an sich mehr lieben als das Ich, und diese Selbsterkenntnis und selbstlose Liebe macht den ganzen Adel der Seele aus (vgl. F. Schuon, Sophia perennis, Freiburg 1981).

Frithjof Schuon, dessen Werk über metaphysische, geistige und ethnische Themen mehr als zwanzig Bücher und zahlreiche Essays in Zeitschriften für vergleichende Religionswissenschaft umfaßt und in mehrere Sprachen übersetzt worden ist, erschien im Original zumeist in französischer, zum Teil aber auch in englischer Sprache; nur weniges veröffentlichte der Autor in seiner Muttersprache Deutsch.

Daher dürfen wir es als ein kostbares Vermächtnis ansehen, daß der große Lehrer gegen Ende seiner Lebenszeit seine überragende Weisheit in der prägnanten Form deutsch geschriebener Epigramme und Verse mitteilt. So ist die Aussage durch keine Übertragung verfremdet, spricht unmittelbar zu uns, wirkt in ihrer ganzen Schönheit.

Diese kleinen Werke sind groß durch ihren Gehalt. Sie stehen in der islamischen Tradition Saadis, Rumis und Chaijams, erinnern an die Epigramme Platons, an die Sinngedichte von Opitz und Logau, von Angelus Silesius, Lessing, Herder und Rückert.

Nach Lessing, auf den die noch heute übliche Definition zurückgeht, besteht das Epigramm aus zwei Teilen: Der erste beschreibt den Tatbestand, der zweite die geistvolle Anmerkung dazu. Schuons Antwort auf den im ersten Teil des Epigramms genannten Tatbestand verweist zumeist auf Gott in seinen vielen Namen. Es ist dies nicht der Gott eines ausschließlichen Glaubens, sondern es ist der Gott, der sich in der inneren Einheit aller Religionen widerspiegelt, denn dieser so verstandene Gott ist die Letzte Antwort auf alle Fragen aller Menschen.

Das Epigramm bedarf, so Lessing, keiner Überschrift, keiner Erklärung, es muß ein Ganzes sein und sich durch sich selbst erläutern.

Darum hat sich der Verlag bemüht, diesen Pretiosen der Weisheit und Schönheit eine angemessene Fassung zu geben: vier schlichte, schöne Bücher, vier Fassungen für metaphysisch-mystische Edelsteine der Sophia zu den existential bewegenden Mysterien *Liebe, Leben, Glück und Sinn.*

Freiburg, im Frühjahr 1997

INHALTSVERZEICHNIS